Zona de construcción
Las aplanadoras

por Rebecca Pettiford

Bullfrog
en español

Ideas para padres y maestros

Bullfrog Books permite a los niños practicar la lectura de textos informativos desde el nivel principiante. Las repeticiones, palabras conocidas y descripciones en las imágenes ayudan a los lectores principiantes.

Antes de leer

- Hablen acerca de las fotografías. ¿Qué representan para ellos?

- Consulten juntos el glosario de las fotografías. Lean las palabras y hablen de ellas.

Durante la lectura

- Hojeen el libro y observen las fotografías. Deje que el niño haga preguntas. Muestre las descripciones en las imágenes.

- Léale el libro al niño o deje que él o ella lo lea independientemente.

Después de leer

- Anime al niño para que piense más. Pregúntele: Las aplanadoras son máquinas grandes. Ellas aplanan y compactan. ¿Puedes nombrar otras máquinas grandes? ¿Qué hacen ellas?

Bullfrog Books are published by Jump!
5357 Penn Avenue South
Minneapolis, MN 55419
www.jumplibrary.com

Library of Congress Cataloging-in-Publication Data

Names: Pettiford, Rebecca, author.
Title: Las aplanadoras / por Rebecca Pettiford.
Other titles: Rollers. Spanish
Description: Minneapolis, MN: Jump!, Inc., [2023]
Series: Zona de construcción
Translation of: Rollers. Audience: Ages 5–8
Identifiers: LCCN 2022009115 (print)
LCCN 2022009116 (ebook)
ISBN 9781636909752 (hardcover)
ISBN 9781636909769 (paperback)
ISBN 9781636909776 (ebook)
Subjects: LCSH: Road roller—Juvenile literature.
Classification: LCC TE223 .P44618 2023 (print)
LCC TE223 (ebook)
DDC 625.7—dc23/eng/20220303

Editor: Jenna Gleisner
Designer: Michelle Sonnek
Content Consultant: Ryan Bauer
Translator: Annette Granat

Photo Credits: Vereshchagin Dmitry/Shutterstock, cover, 3, 24; Maksim Safaniuk/Shutterstock, 1; Stangot/Dreamstime, 4; ewg3D/iStock, 5; SergeyZavalnyuk/iStock, 6–7; bogdanhoda/Shutterstock, 8, 23tl; fotosr/iStock, 9, 23bl; Volodymyr _ Shtun/Shutterstock, 10–11; Photoongraphy/Shutterstock, 12–13, 23tr; Terelyuk/Shutterstock, 14; Andrei Ksenzhuk/Shutterstock, 15; Andrew Ostry/Shutterstock, 16–17; ktsimage/iStock, 18–19, 23br; dobrovizcki/iStock, 20–21; Konstantinos Moraitis/Dreamstime, 22.

Printed in the United States of America at Corporate Graphics in North Mankato, Minnesota.

Tabla de contenido

Una aplanadora es
una máquina grande.

Ella tiene un tambor grande.

tambor

5

Una aplanadora anda.

El conductor se sienta en la cabina.

cabina

Se coloca un asfalto nuevo.

asfalto

Este está desnivelado.

La aplanadora
anda despacio.

El tambor lo aplana.

Este es pesado.

Él presiona el asfalto.

Lo compacta.

¡Hace una calle!

13

¡Más aplanadoras ayudan!
Esta tiene ocho ruedas.

Esta tiene dos tambores.

Todas aplanan y presionan.

¡Ya no hay bultos!
La calle está plana.

¡Las aplanadoras hacen trabajos grandes!

Las partes de una aplanadora

¿Cuáles son las partes de una aplanadora?
¡Échales un vistazo!

cabina

tambor

rueda

Glosario de fotografías

asfalto
Una superficie negra y dura que cubre las calles y otras áreas pavimentadas.

compacta
Presiona o aplasta algo para que ocupe menos espacio.

desnivelado
Ni plano ni liso.

plana
Que tiene una superficie igual y sin bultos.

Índice

Para aprender más

Aprender más es tan fácil como contar de 1 a 3.

❶ Visita www.factsurfer.com

❷ Escribe "lasaplanadoras" en la caja de búsqueda.

❸ Elige tu libro para ver una lista de sitios web.

¡Mira y aprende con esta serie llena de acción cómo estas grandes máquinas cavan, nivelan, levantan y aplanan! ¿Has leído todos los libros?

IL: Grades K–3   GRL: F

ISBN 978-1-63690-976-9

90000

9 781636 909769

jump

www.jumplibrary.com
www.jumplibrary.com/teachers

A CHICKEN'S LIFE CYCLE

Bullfrog
Books

Life Cycles

A Chicken's Life Cycle

by Jamie Rice

Bullfrog Books

Ideas for Parents and Teachers

Bullfrog Books let children practice reading informational text at the earliest reading levels. Repetition, familiar words, and photo labels support early readers.

Before Reading

- Discuss the cover photo. What does it tell them?

- Look at the picture glossary together. Read and discuss the words.

Read the Book

- "Walk" through the book and look at the photos. Let the child ask questions. Point out the photo labels.

- Read the book to the child, or have him or her read independently.

After Reading

- Prompt the child to think more. Ask: Chickens lay eggs in nests. Can you name other animals that have nests?

Bullfrog Books are published by Jump!
5357 Penn Avenue South
Minneapolis, MN 55419
www.jumplibrary.com

Library of Congress Cataloging-in-Publication Data

Names: Rice, Jamie, author.
Title: A chicken's life cycle / by Jamie Rice.
Description: Bullfrog books. | Minneapolis, MN Jump!, Inc., [2023] | Series: Life cycles Includes index. | Audience: Ages 5–8
Identifiers: LCCN 2021048369 (print)
LCCN 2021048370 (ebook)
ISBN 9781636908250 (hardcover)
ISBN 9781636908267 (paperback)
ISBN 9781636908274 (ebook)
Subjects: LCSH: Chickens—Life cycles Juvenile literature.
Classification: LCC SF487.5 .R53 2023 (print)
LCC SF487.5 (ebook)
DDC 636.5—dc23/eng/20211004
LC record available at
https://lccn.loc.gov/2021048369
LC ebook record available at
https://lccn.loc.gov/2021048370

Editor: Eliza Leahy
Designer: Emma Bersie

Photo Credits: Shutterstock, cover; cynoclub/Shutterstock, 1; Suradech Prapairat/Shutterstock, 3 (top); Sascha Burkard/Shutterstock, 3 (bottom); Anastasiia Magonova/iStock, 4, 5, 23bl; Ri Grant/Dreamstime, 6–7, 22t; Pongpanot Phuriroengpoom/Shutterstock, 8; Avalon/Picture Nature/Alamy, 9, 23tl; RadVila/Shutterstock, 10–11; Wirestock/Dreamstime, 12–13 , 22bl; photosbelkina/Shutterstock, 14–15, 22br, 23tr; Alexandru Ionas Salagean/Dreamstime, 16–17, 23br; Photos by Kerstin/Shutterstock, 18; Oleksandr Lytvynenko/Shutterstock, 19, 20–21; khathar ranglak/Shutterstock, 24.

Printed in the United States of America at Corporate Graphics in North Mankato, Minnesota.